ABDÜLMECID II.

Der letzte Kalif des Islams

von

Rasim Marz

Bibliografische Information der Deutschen Nationalbibliothek: Die Deutsche Nationalbibliothek
verzeichnet diese Publikation in der Deutschen
Nationalbibliografie; detaillierte bibliografische
Daten sind im Internet über http://dnb.dnb.de ab-
rufbar.

Herstellung und Verlag: BoD – Books on Demand,
Norderstedt

ISBN: 978 373 473 7138

Inhaltsverzeichnis

Einleitung

Rasim Marz, geboren 1991 in Siegburg, ist Historiker und Autor. Zu seinen Forschungsgebieten zählen neben der Geschichte des Osmanischen Reiches und seiner Dynastie, die europäische Außenpolitik des 19. Jahrhunderts und der Erste Weltkrieg im Orient.

Kontakt: rasimmarz@googlemail.com

Einleitung

Das Kalifat war für fast 1300 Jahre die oberste religiöse wie politische Instanz im Gesellschaftssystem der sunnitisch- islamischen Welt. Nach dem Tode des Propheten Mohammed und der ersten vier rechtgeleiteten Kalifen im 7. Jahrhundert, stellten drei Dynastien den Kalifen für die islamische Glaubensgemeinschaft: die Ummayyaden, Abbasiden und die Osmanen. Letztere übernahmen 1517 unter Sultan Selim I. das seit 1258 existierende Schatten-Kalifat von den Abbasiden. Der osmanische Sultan war zugleich Kalif des Islams in Personalunion und somit weltliches wie religiöses Oberhaupt. Das Kalifat fand 1876 Eingang in die Verfassung und wurde somit zu einem Bestandteil der parlamentarisch-konstitutionellen Monarchie im Osmanischen Reich. Einen letzten Höhepunkt erfuhr das Kalifat im Befreiungskrieg (1919-1923) bevor es 1924 durch die Große Nationalversammlung der Republik Türkei endgültig abgeschafft wurde. Der deutsch-französische Orientalist Peter Scholl-Latour diagnostizierte 2010 kühn aber nüchtern: *„Der größte Fehler Atatürks war vielleicht die Abschaffung des Kalifats. Zumindest dem Namen nach hätte man diese Autorität aufrecht erhalten* *sollen.*"[1] 90 Jahre nach der Verbannung des letzten osmanischen Kalifen Abdülmecid II. und kurz vor dem Ableben Scholl-Latour's im August 2014, rief eine fundamentalistische Terrororganisation im Irak ein neues „islamisches Kalifat" aus und konnte dieses mit Waffengewalt im kriegszerstörten Irak etablieren. Im Namen des Islams verübten die Terroristen schwerste Menschenrechtsverletzungen, vom Genozid bis hin zur Versklavung ganzer Minoritäten. Besonders betroffen sind die Muslime selbst, da auch sie nicht vor dem Terror verschont und als „Abweichler" gefoltert und massakriert werden. Mit der eigenständigen Ausrufung eines „Kalifats" wurde in der islamischen Welt erstmals ein Tabu gebrochen und gleichzeitig eine für Muslime sakrale Institution mit dem Blut unschuldiger Menschen entweiht. Dieses Werk widmet sich dem Leben und Wirken Abdülmecids II., dem letzten Kalifen des Islams und 37. Oberhaupts der Dynastie Osman. Als Humanist, Demokrat, Künstler und gläubiger Muslim, stand Abdülmecid II. im völligen Kontrast zu jenen, die die Werte der Menschlichkeit und Nächstenliebe, welche im Islam fest verankert sind, fahrlässig missachteten.

Rasim Marz   Köln, 1.12.2014

---

[1] Peter Scholl-Latour im Gespräch mit Michael Gehler, 4.12.2010, Europagespräche des Instituts für Geschichte, Stiftung Universität Hildesheim

Kunst und Krieg

Als in der stürmischen Nacht vom 29. auf den 30. Mai 1876 Konstantinopel, die Hauptstadt des Osmanischen Reiches, fast in den Fluten des Bosporus zu versinken schien, bahnten sich langsam die Kriegsschiffe einen Weg durch die tobenden Wellen des Bosporus. Vorsichtig, um die Einwohner nicht aus dem Schlaf zu reißen und ihre Aufmerksamkeit auf sich zu ziehen. Pechschwarze Wolken beherrschten den Himmel. Zeitgleich setzten sich auf dem Festland mehrere Verbände von Soldaten in Bewegung, angeführt von ihren Offizieren und bis an die Zähne bewaffnet. Ihr gemeinsames Ziel: der Dolmabahce Palast.

Die Armee und die Marine bereiteten sich schon lange auf diesen Staatsstreich vor, im Glauben ihr Vaterland vor einer falschen Politik retten zu wollen. Seit 1861 herrschte Sultan Abdülaziz über das Osmanische Reich, das sich Mitte des 19. Jahrhunderts immer noch vom Balkan bis in den tiefen Jemen und vom nordafrikanischen Libyen bis nach Bagdad erstreckte. Auf dem Zenit ihrer Macht, standen die Osmanen mehrmals vor den Toren Wiens und verfügten über das größte stehende Heer Europas. Das Osmanische Reich beherbergte eine Vielzahl an Völker und Religionen, die verstreut über die drei Kontinente unter dem Banner

9

des Sultans in friedlicher Koexistenz lebten. Doch ab dem 17. Jahrhundert sank der stolze Halbmond von Konstantinopel und geriet immer mehr ins Zwielicht der europäischen Großmächte. Der aufkommende Nationalismus ergriff auch die Balkanländer und zwang den osmanischen Vielvölkerstaat zum Rückzug. Die osmanischen Sultane bemühten sich im 19. Jahrhundert mit Reformen dem drohenden Untergang entgegenzuwirken. Sultan Abdülaziz setzte sich nicht nur für eine unabhängige Justiz ein, er führte die Reformen seines verstorbenen Bruders fort und berief nichtmuslimische Staatsdiener in die höchsten Ämter des Reiches. Als er drei Juden in den osmanischen Staatsrat aufnahm und diese sich für ihre Ernennung beim Sultan bedanken wollten erwiderte er: *„Ich will, dass Jeder ohne Rücksicht auf seinen Glauben Wesir werden kann."[2]* Sultan Abdülaziz machte das Osmanische Reich, neben Großbritannien und Frankreich, zur drittgrößten Seemacht der Welt. Doch die Reformen hatten auch ihren Preis. Die Staatskasse litt unter den hohen Zinsen der Auslandskredite, die die osmanische Regierung für die Finanzierung der Militärreformen aufnahm. 1875 musste das Osmanische Reich erstmals in seiner Geschichte seinen Bankrott melden. Die Unzufriedenheit auf die osmanische Regierung unter Vorsitz ihres korrupten und unfähigen Großwesirs (Regierungschef) wuchs

---

[2] Allgemeine Zeitung des Judentums, Bd. 32., S. 499

in allen Bevölkerungsschichten. Doch Sultan Abdülaziz schenkte den Warnungen kein Gehör und vertraute blind seinem unheilvollen Großwesir. Als immer mehr Menschen in der Hauptstadt für die Absetzung des Großwesirs demonstrierten, lenkte der Sultan ein, verbannte seinen einstigen Günstling und berief eine neue Regierung. Doch es war zu spät. In den Ministerien und in der Armee war die Absetzung des Sultans beschlossene Sache. Der Kriegsminister und der Marineminister schmiedeten mit vielen weiteren hohen Würdenträgern den Staatsstreich und gewannen auch den ältesten Sohn des Sultans, Prinz Yusuf Izzeddin, für ihre Pläne, indem man ihm versprach das Thronfolgegesetz der Dynastie so zu verändern, dass er seinem Vater als Herrscher folgen würde. Die osmanische Thronfolgeregelung besagte, dass nur der Älteste der Dynastie als Sultan proklamiert werden dürfe. Prinz Izzeddin war ein wichtiger Schlüssel, war er doch Kommandant der Palastgarde und persönlich für die Sicherheit seines kaiserlichen Vaters verantwortlich. Doch darüber hinaus liebte der 19-jährige Prinz eine junge Dame, die im Harem seines Vaters lebte und arbeitete. Für die Verliebten schien eine Verbindung unmöglich, doch die Verschwörer nutzten diese Situation aus und machten dem Prinzen Hoffnungen auf eine Heirat. In der Nacht vom 29. auf den 30. Mai 1876 drangen Soldaten in den Vorhof des Dolmabahce Palastes und umstellten ihn. Die mächtige Panzerflotte – der ganze Stolz des Sultans – machte eine Flucht über den Bosporus unmöglich. Sultan Abdülaziz ahnte von diesem Staatsstreich nichts, bis ihn eine Geschützsalve aus dem Schlaf riss. Vom Fenster blickte der Sultan auf seine Flotte und sprach zu sich selbst: *„Sie haben Murad auf den Thron gebracht."* Kronprinz Murad, der Neffe des Sultans, galt als Hoffnungsträger der liberalen Kräfte im Land und sollte dem abgesetzten Monarchen als Murad V. nachfolgen. Die Palastgarde, die zuvor von Prinz Yusuf Izzeddin instruiert wurde, ergab sich und machte den Weg für die Verschwörer frei. Angeführt vom Kriegsminister stürmten die Soldaten den Thronsaal. Die Eunuchen und das Personal standen in Nachthemden fassungslos vor den Soldaten. Nun erschien Sultan Abdülaziz oben auf der Treppe, mit gezogenem Degen, bereit letzten Widerstand zu leisten, als der Kriegsminister das islamische Rechtsgutachten, die Fatwa, des obersten Mufti hervorholte und verlas. Als Sultan Abdülaziz dies vernahm, ergab er sich in sein Schicksal und ließ den Degen sinken. Er wurde aufgefordert den Dolmabahce Palast zu verlassen und einen Palast auf der asiatischen Seite zu beziehen. *„Oh möget ihr erblinden!"*, rief der kaiserliche Sekretär, *„Ihr habt alles gewusst, aber habt nicht gewarnt! Ihr seid alle eingeweiht!" „Ruhe"*, befahl Sultan Abdülaziz. *„Für Worte ist es jetzt zu spät.*

Bringt die Kinder. [3] Wenig später standen die Kinder des Sultans angezogen und halb verschlafen im Thronsaal bereit, darunter der achtjährige Abdülmecid.

Prinz Abdülmecid, 1868 geboren, war der vierte Sohn des Sultans Abdülaziz. Seine Mutter stammte aus dem Kaukasus und vererbte dem kleinen Prinzen ihre strahlend blauen Augen. Umgeben von Kanonenbooten bestieg der Sultan mit seinen Kindern und wenigen Getreuen eine Gondel und setzte zum asiatischen Ufer über. Sultan Abdülaziz und seine Familie nahmen im Feriye Palast Quartier. Für den abgesetzten Herrscher sollte hier alles Enden. So erinnerte sich Abdülmecid viele Jahre später in einem Gespräch mit einem Freund an das schreckliche Ereignis im Juni 1876: *"Nie vergesse ich jene letzten Tage meines Vaters hier in diesen Zimmern. Todesahnungen bedrückten ihn. Einmal rief er Izzeddin und mich zu sich und flehte meinen älteren Bruder an, sich meiner anzunehmen, am Bruder gutzumachen, was er am Vater verbrochen habe. Aber schon wenige Tage später, am 4. Juni 1876, als Izzeddin die Gelegenheit hatte, das Leben seines und meines Vaters zu verteidigen, wurde mir klar, dass ich in ihm nie mehr einen Bruder erblicken könnte. Sie wissen, dass es bis zum heutigen Tage so geblieben ist. Damals liebte Izzeddin eine der Haremsschönen meines Vaters. In jenen wenigen Ta-*

---

[3] Klaus Kreiser – Istanbul, S. 226-227

gen, die mein unglücklicher Vater noch zu leben hatte, und in denen Trauer und Schmerz das Leitmotiv dieses traurigen Mannes waren, verbrachte Izzeddin Stunden und Stunden mit seiner Geliebten, und als an jenem düsteren Morgen des 4. Juni plötzlich laute Hilfeschreie meines Vaters durch das Haus schallten und ich selbst mit Dienerinnen in diesen mir jetzt als Arbeitszimmer dienenden Raum eilte, lag mein Vater blutüberströmt und bewusstlos am Boden; und der einzige Mann, der ihn vor den Messern dreier gedungener Mörder hätte bewahren können, beschäftigte sich süß mit seiner Geliebten."[4]

Sultan Abdülaziz, der von Natur aus eine breite Statur besaß und ein leidenschaftlicher Jäger und Ringer war, wurde in dieser düsteren Juninacht mit Chloroform betäubt und ermordet. Die Verschwörer die ihn absetzten gaben den Mord in Auftrag, um eine Rückkehr auf den Thron für immer zu vereiteln. Einer der Auftraggeber, der osmanische Kriegsminister, ließ in der Hauptstadt die Meldung verbreiten, dass der alte Sultan Suizid begangen hätte – für strenggläubige Muslime ein Sakrileg. Doch die Bevölkerung ließ sich nicht täuschen und die Details jener verbrecherischen Nacht kamen Stückweise ans Tageslicht. Ein Schwager des ermordeten Sultans, der zugleich Adjutant des Prin-

---

[4] Dr. Albrecht Wirth: Die Geschichte der Türken, Stuttgart 1912, S. 61

zen Izzeddin war, drängte nach Rache und stürmte wenig später eine Kabinettssitzung der Regierung. Der Kriegsminister sank von mehreren Kugeln getroffen zu Boden. Andere Regierungsmitglieder flüchteten oder sprangen aus dem Fenster. Der Schwager wurde kurz darauf zum Tode durch den Strang verurteilt. Für den jungen Prinzen Abdülmecid sollte er für immer der Held bleiben, der seinen Vater rächte.

Und so wuchs er in der Obhut der Mutter auf, während außerhalb der Palastmauern das Osmanische Reich eine Krise nach der Anderen durchlebte. Der von den Verschwörern inthronisierte Sultan Murad wurde nur nach drei Monaten abgesetzt und sein jüngerer Bruder Abdülhamid II. bestieg den Thron der Osmanen. Murad und Abdülhamid waren die Söhne Abdülmecids, des 1861 verstorbenen, älteren Bruders des ermordeten Sultans Abdülaziz. Obwohl zwischen Abdülaziz und seinem älteren Bruder Abdülmecid eine herzliche Geschwisterliebe bestand (so gab Abdülaziz seinem vierten Sohn den Namen seines verstorbenen Bruders), entstand im Laufe der Zeit unter ihren Söhnen eine Rivalität, die sich bis in die spätere Exilzeit zog.

Prinz Abdülmecid genoss eine umfangreiche Erziehung. In der Palastschule erlernte er neben den Sprachen Arabisch und Persisch auch Französisch und Deutsch, die er in Perfektion beherrschte. Dazu gehörte die klassische Ausbildung in Staatswissenschaften, Theologie, Geschichte, Wirtschafts- und Finanzwesen. Schon früh zeigte sich bei dem jungen osmanischen Prinzen das Interesse für Kunst und Musik. Der osmanische Hofmaler Stanislaw Chlebowski, der bei Sultan Abdülaziz in höchster Gunst stand, hinterließ bei Abdülmecid durch seine grandiosen Werke einen großen Eindruck. Chlebowski, gebürtig aus Polen, war seit 1864 in osmanischen Diensten und verließ im Umsturzjahr 1876 Konstantinopel. Doch seine Meisterwerke blieben und weckten in Abdülmecid die künstlerische Seite. Er widmete sich der islamischen Kalligrafie und ging beim osmanischen Maler Şeker Ahmed Paşa in die Lehre. Sein Meister wurde von seinem Vater einst nach Paris entsandt, wo er bei Gustave Boulanger und Jean-Leon Gerome eine umfangreiche Ausbildung genoss. So wie der ermordete Sultan ihn einst förderte, wollte auch Şeker Ahmed Paşa den verwaisten Prinzensohn in seinem Vorhaben unterstützen. Als der Italiener Fausto Zonaro 1896 zum Hofmaler avancierte, wurde Abdülmecid dessen erster Schüler. Er nahm später auch beim italienischen Maler Salvatore Valeri Unterricht. Um die Jahrhundertwende entstanden die ersten Werke Abdülmecids, die sich hauptsächlich auf die Porträtmalerei konzentrierten. 1914, kurz vor Kriegsbeginn, präsentierte der „Malerprinz" – wie er in den Künstlerkreisen genannt wurde - in Paris seine Gemälde auf einer großen Ausstellung. In der dreißigjährigen Schaffenszeit entstanden insgesamt über 200 Bilder. Er malte seine ruhmreichen Vorfahren, aber auch seine Lieblingskomponisten und musikalischen Vorbilder wie Mozart, Chopin, Liszt, Wagner und Beethoven.[5] Wie sein Vater Abdülaziz, liebte auch Abdülmecid die westliche Klassikmusik. Er wurde vom Hofkapellmeister Callisto Guatelli Paşa, einem gebürtigen Italiener, in die Musikwissenschaften eingewiesen und erhielt von den ungarischen Musikern Gez de Hegyei, einem Schüler Franz Liszts, und von Carl Berger Unterricht.[6] Abdülmecid spielte Violine, Violoncello, Klavier und Cembalo und komponierte auch Kammermusik. Er bewegte sich steht's in intellektuellen Kreisen und hielt Kontakt zu den Geistesgrößen jener Zeit. Sein Wissen über den Islam, der Philosophie und der Literatur schöpfte der Prinz aus seiner eigens zusammengestellten Privatbibliothek im Feriye Palast. Seine Sammlung umfasste über 10.800 Bücher die sein Arbeitszimmer schmückten. Für Abdülmecid war dies ein besonderer Ort, war doch sein Vater in diesem Zimmer durch Henkershand ums Leben gekommen. Der Prinz wollte seinem Vater nahe sein. Alle wichtigen Audienzen fanden in seiner Bibliothek statt und von hier aus verfolgte er mit

---

[5] Ali Satan: Son Halife Abdülmecid Efendi - Saltanatsız Hilafet ve Halifesiz Cumhuriyet Günlerinde, S. 31-35
[6] Satan, S. 43-47

den Werken von Victor Hugo, Goethe oder Pierre Loti das große Weltgeschehen.

Als die oppositionelle Reformbewegung der Jungtürken im Jahre 1908 den amtierenden Sultan Abdülhamid II. mit einer Revolution zur Wiedereinführung der Verfassung und zu Parlamentswahlen zwang, bedeutete dies das Ende der absolutistischen Herrschaft im Osmanischen Reich und die Befreiung der osmanischen Prinzen aus dem Palastgefängnis. Sultan Abdülhamid führte ein strenges Regiment und ließ jeden seines Herrscherhauses durch Agenten überwachen. So berichtete Abdülmecid: *„Mein Cousin oder „Vater", wie er sich uns Prinzen gegenüber gern nennt, nachdem er uns eingesperrt hat, ist ein psychologisches Rätsel. Gewiss kann ich für den Mörder meines Lebens keine Sympathie empfinden, aber ich glaube, die Familienbande, die uns trotz allem verbinden, wiegen dieses Vorurteil, das ich zu seinen Ungunsten habe, auf."* Abdülhamid II. war in den Augen Abdülmecids ein reaktionärer Monarch, der sich nur an sein eigenes Leben und an den Thron klammerte. Selbst mit dem älteren Bruder Abdülhamids, Murad V., der 1876 nach dem Sturz seines ermordeten Vaters eingesetzt und später wieder abgesetzt wurde, empfand Abdülmecid Mitleid: *„Was soll man sagen, wenn man sieht, wie Abdülhamid seinen Bruder Murad nicht nur, sondern dessen unschuldige Kinder ein Menschenleben lang, bis zum Tode Murads,* *im Palast gefangen hielt? Man schließt Menschen ein, wenn sie noch Kinder sind, dann lässt man sie allein, ohne Lehrer, ohne Freunde, ohne Kameraden, ohne Menschen – oder nennen Sie meine Lakaien, Abdülhamids Spitzel, etwa Menschen?"* „*Was soll ich sagen, wenn ich Ihn hundertmal angefleht habe, mich nur einem Konzert beiwohnen zu lassen, das europäische Zelebritäten vor ihm ganz allein geben, und er mir diese Bitte niemals erfüllt hat, trotzdem er mein Faible für Musik kennt? Was soll ich sagen, wenn ich, von ihm eingesperrt, plötzlich zu ihm gerufen und von ihm in väterlich liebenswürdiger Weise um meinen Rat in irgendeiner schwierigen politischen Sache gefragt werde?"* Abdülmecid war ein überzeugter Anhänger der westlichen Demokratie, dies wusste auch Sultan Abdülhamid. Mit Zuckerbrot und Peitsche versuchte der Sultan über 30 lange Herrschaftsjahre hinweg die Dynastie im eisernen Griff zu halten. Für Abdülmecid und viele andere Familienmitglieder war das Palastleben ein goldener Käfig: „*Und wenn ich ihn dann flehentlich bitte, mir irgendein Amt zu übertragen, damit ich mein trauriges Leben nicht ganz nutzlos verbringe, lehnt er kalt ab, schickt mich zurück in meinen Käfig und quält mich weiter, so wie er uns alle und sein ganzes Volk quält.*"[7] Doch 1908 sollte alles vorbei sein. Die Jungtürken übernahmen die Macht im Lande und lösten den Harem

---

[7] Wirth S. 71-73

auf. Für den Herrscher und die Prinzen waren ab sofort nur noch die vier Ehefrauen gestattet, die das islamische Recht vorsah. Alle anderen Haremsdamen, ob Konkubinen oder Personal, wurden von der neuen Regierung zu ihren Familien zurückgeschickt. Zu hunderten verließen sie Konstantinopel und es wurde still in den Palästen am Bosporus. 1908 gründete sich die Osmanische Künstlervereinigung, deren Ehrenpräsident Prinz Abdülmecid wurde. Er sympathisierte mit den Jungtürken und den freiheitlichen Ideen, befreiten sie ihn doch aus seinem eintönigen Leben. Als ein Jahr später konservative Kräfte einen Umsturz wagten, wurde Sultan Abdülhamid verdächtigt die Konterrevolution unterstützt zu haben und zur Abdankung gezwungen. Abdülmecid verewigte die Abdankungsszene im Dolmabahce Palast in einem Gemälde, das bis heute zu seinen berühmtesten Werken gehört. Nach 33 Jahren musste Abdülhamid den Thron für seinen jüngeren Bruder Mehmed V. abgeben und ins Exil nach Thessaloniki gehen. Der Thronwechsel wirkte sich auch auf das Leben Abdülmecids aus, rückte doch sein älterer Bruder Yusuf Izzeddin zum Kronprinzen des Osmanischen Reiches auf. Obwohl seit dem Tage an dem ihr Vater umkam viele Jahre vergingen, änderte sich nichts an dem Verhältnis zwischen den beiden Brüdern. Für Abdülmecid trug Izzeddin eine Teilschuld an den Ereignissen von 1876. Sie waren ungleiche Brüder. Izzeddin erhielt von Kindesbeinen an eine militärische Erziehung und verkehrte im Kreise der europäischen Politiker und Diplomaten. Abdülmecid hingegen war umgeben von Philosophen und Künstlern. Es schien, als ob der ältere Bruder für das Amt des Kronprinzen prädestiniert war. 1913 schlugen albanische Abgeordnete den Prinzen als Thronkandidaten des neuen unabhängigen Albaniens vor, scheiterten jedoch durch den Druck der europäischen Großmächte.[8]

1914 - kurz vor Ausbruch des Ersten Weltkrieges, der das Alte Europa und seine Monarchien hinwegfegen sollte – wurden in Paris mehrere Gemälde des Prinzen Abdülmecid ausgestellt. Hier bekam er die Spannungen in der Gesellschaft zu spüren, die sich später in den Materialschlachten in Flandern entladen sollten. Der osmanische Prinz, der die Deutsche Sprache perfekt beherrschte, bewunderte Deutschland und seinen aufgeklärten Herrscher Wilhelm II. Für den kaiserlichen Schöngeist nahm Deutschland als das Land der Dichter und Denker eine herausragende Stellung ein. Schon sein Vater förderte Richard Wagner, er selbst favorisierte deutsche Literatur und sein Privatsekretär war letztendlich auch ein Deutscher.

Als das Osmanische Reich im November 1914 an deutscher Seite in den Weltkrieg zog, war Abdülmecid 46 Jahre alt. Die jungen Prinzen aus der

---

[8] Robert Elsie: A Biographical Dictionary of Albanian History, S. 3

osmanischen Dynastie folgten dem Ruf des Sultans und gingen ebenfalls an die Front. Abdülmecids Sohn, Prinz Ömer Faruk, sollte an der Seite des deutschen Verbündeten auf den blutigen Schlachtfeldern von Verdun kämpfen. Die Entente startete im Frühjahr 1915 eine Landung bei den Dardanellen. Ziel der Briten war die osmanische Hauptstadt Konstantinopel im Handstreich zu erobern und das Osmanische Reich somit als Kriegspartei zu neutralisieren. Die Kontrolle über die Meerengen war von strategischer Wichtigkeit, wollte die Entente Russland aus der Isolation befreien und Nachschubwege einrichten. Was für die Briten und ihren Verbündeten nach einem schnellen Sieg aussah, endete in einem blutigen Fiasko. Der deutsche Marschall Liman von Sanders Pascha führte bei den Osmanen das Oberkommando der 5. Armee an der Dardanellen-Front. Jede Angriffswelle des Feindes wurde zurückgeschlagen, für die Osmanen wurde der Erste Weltkrieg zum Existenzkrieg. Kronprinz Yusuf Izzeddin besuchte in jenen Tagen die Frontabschnitte entlang der Küsten der Ägäis. Hier vor Ort zeichnete sich ein anderes Bild, als das was die Zeitungen mit ihren Siegesberichten in der Hauptstadt verbreiteten. Die osmanischen Soldaten waren am Hungern, da die Felder in Anatolien durch die Generalmobilisierung nicht bestellt wurden und eine britisch-französische Blockade jeden Import von Lebensmitteln verhinderte. Das Sanitätswesen hielt den hohen Verlusten nicht stand und brach endgültig zusammen. In dieser Situation verteidigten die Osmanen tapfer ihre Stellungen und nach einem Jahr des blutigen Kampfes, bei dem beide Seiten 250.000 Gefallene beklagten, blies Großbritannien zum Rückzug. Das Osmanische Reich siegte und musste einen hohen Preis dafür bezahlen. Kronprinz Izzeddin der im Gegensatz zur jungtürkischen Regierung die aussichtslose Lage erkannte, nahm Kontakt zu den feindlichen Lagern auf um Friedensgespräche einzuleiten. Die Handlungen des Kronprinzen blieben dem osmanischen Geheimdienst nicht verborgen, so dass Kriegsminister Enver Paşa über die Vorgänge informiert wurde. Am 1. Februar 1916, einen Monat nach Beendigung der Kampfhandlungen an den Dardanellen, wurde der Kronprinz mit aufgeschnitten Pulsadern in seinem Anwesen gefunden. Die jungtürkische Regierung ließ verlautbaren, dass er, wie einst sein Vater Sultan Abdülaziz, Selbstmord begangen hätte, doch in Wirklichkeit wollten die Falken im Kriegsministerium eine Fortführung des Krieges.

Obwohl Abdülmecid über den Tod seines älteren Bruders sehr bestürzt war, wich die Trauer bald dem Hass, als bekannt wurde wer neuer Kronprinz des Osmanischen Reiches werden würde. Vahideddin, der jüngste Sohn seines Onkels Sultan Abdülmecid und Lieblingsbruder seines verhassten Cousins Sultan Abdülhamid. Abdülmecid und Vahideddin waren die jüngsten Sprösslinge der zwei dynastischen Linien. Wie sein Cousin war auch Vahideddin ein hoch gebildeter Prinz und genoss unter der Herrschaftszeit seines älteren Bruders Abdülhamid II. eine umfassende Erziehung. Er erhielt von ihm viele Privilegien und durfte jenen Konzerten beiwohnen, die Abdülmecid immer verwehrt wurden.[9] [10] Über die Kriegsjahre organisierte Prinz Abdülmecid mehrere Ausstellungen darunter auch eine in Wien.

Das Jahr 1918 sollte alles verändern. Zuerst starb der 1909 abgesetzte und seit dem in Ehrenhaft gehaltene Sultan Abdülhamid II. im Beylerbey Palast, sein jüngerer Bruder, der amtierende Sultan Mehmed V., folgte ihm wenige Monate später. Die Briten bereiteten eine entscheidende Offensive in Palästina vor und im griechischen Thrakien sammelte sich eine den Osmanen zahlenmäßig überlegende französische Armee für einen Angriff auf die Hauptstadt. Das Volk und die Armee hungerten, bittere Armut und Kriminalität waren allgegenwärtig und flächendeckende Seuchen taten ihr übriges. In dieser schweren Stunde sollte Vahideddin nun den Thron seiner Vorfahren besteigen. Abdülmecid wurde der neue Kronprinz des Reiches. Während

---

[9] Osman Öndeş: Avni Paşa Anlatıyor, Istanbul 2012, S. 44-45

[10] Mehmet Bicik: 101 Soruda Bilinmeyen Yönleriyle Vahdettin, Istanbul 2010, S.25-26, 227-228

der neue Sultan Suppenküchen und Unterkünfte für die Flüchtlinge und Kriegswaisen errichten ließ, besuchten die kaiserlichen Prinzen die Lazarette und Krankenhäuser um Geld und Trost zu spenden. Die Moscheen, Ämter und Badehäuser der Hauptstadt konnten die Massen an Obdachlosen und Veteranen nicht mehr unterbringen, so dass tausende unter freiem Himmel schlafen mussten. Die kaiserlichen Palastgärten beherbergten alleine hunderte Hilfebedürftige. Nach dem Zusammenbruch der Südfront, musste die osmanische Regierung den Waffenstillstand ersuchen. Die Siegermächte Großbritannien, Frankreich und Italien fingen nun an das geschlagene Osmanische Reich militärisch zu besetzen. Mit einer Flotte von 60 Kriegsschiffen, die am Goldenen Horn von Konstantinopel vor Anker ging, demonstrierten die Besatzer ihren Sieg. Auch das neutrale Griechenland witterte seine Chance und entsandte mehrere Kriegsschiffe. Sultan Vahideddin, der erst seit vier Monaten auf dem Thron war, stand vor einem Scherbenhaufen. Für das über 600-jährige Osmanische Reich schlug die letzte Stunde. Die Soldaten, die nicht schon vorher wegen Hunger und ausstehendem Sold desertierten, kehrten nun von der Front in die Heimat zurück und fanden ihre Familien in größter Armut leidend vor. In dieser aussichtslosen Situation beauftragte der Sultan seinen Adjutanten Mustafa Kemal Paşa als Generalinspekteur mit uneingeschränkten Vollmachten nach Anatolien zu gehen und dort den nationalen Widerstand aufzubauen. Mustafa Kemal Paşa sollte später der erste Staatspräsident der Republik Türkei werden und der Totengräber des Osmanischen Reiches. Er galt als militärisches Genie und wurde für seine Verdienste in der Dardanellen-Schlacht in den Generalsrang erhoben. Nun stand ihm eine noch größere Aufgabe bevor. *„Paşa!"*, erklärte der Sultan dem jungen General, *„Sie haben diesem Staat bis zum heutigen Tage sehr gut gedient. Sie sind in das Buch der Geschichte eingegangen. Vergessen Sie nun das Ganze. Das, was sie als nächstes tun werden, kann wichtiger sein, als das, was Sie bisher getan haben. Mein Paşa! Sie können unseren Staat retten!"* Mustafa Kemal antwortete: *„Ich danke gehorsamst für das mir gegenüber bewiesene Vertrauen und Wohlwollen. Seien Sie versichert, dass ich meinen Dienst nach Kräften gewissenhaft versehen werde. Ich habe den Standpunkt Eurer Majestät verstanden. Sobald Sie zu befehlen geruhen, werde ich abreisen und keinen Augenblick den mir erteilten Befehl vergessen."*[11]

Obwohl der Sultan von den republikanischen Absichten seines Adjutanten wusste, sah er in ihm die einzige Chance das Osmanische Reich aus den Fängen der Besatzer zu erretten. Schon Kazim Karabekir Paşa, einer der großen Generäle des Befreiungskrieges, warnte den Sultan vor Kemals radika-

---

[11] Volkan/Itzkowitz: Ölümsüz Atatürk, 1965, S. 174

len Ideen. *„Mein Paşa!"*, entgegnete der Sultan wütend und zeigte Richtung Fenster auf die ankernde Flotte des Feindes, *„Diese Schiffe verletzen mich tief. Die Hauptsache ist, dass dieses Land gerettet wird, auch wenn dafür eine Republik gegründet werden muss! Grüßen Sie ihn von mir, ich will Mustafa Kemal Paşa beim nächsten Freitagsgebet sehen!"*[12] Als in einigen Städten am Schwarzen Meer Unruhen ausbrachen und die Besatzer dieser nicht Herr werden konnten, kam die lang erwartete Gelegenheit den Sultansadjutanten Mustafa Kemal Pascha aus der streng abgeschotteten Hauptstadt zu schleusen. Im Mai 1919 nahm ein kleiner Kutter Kurs auf die Hafenstadt Samsun. Mit dem Befehl des Sultans in der Tasche, gelangte Mustafa Kemal ins Innere Anatolien und formierte die restlichen militärischen Einheiten zu einer neuen Armee. Der Hauptgegner in jenen Tagen war die griechische Armee, die nach der Besetzung der Hafenstadt Izmir und der dort verübten Massaker ins anatolische Hinterland einfiel. Während sich die nationalen Streitkräfte mit den Griechen die ersten Gefechte lieferten, kam in der anatolischen Kleinstadt Ankara ein neues nationales Parlament zusammen. Das osmanische Parlament in Konstantinopel wurde zuvor von den Briten zwangsaufgelöst, was dazu führte, dass die Abgeordneten nach Ankara flohen.

---

[12] Vehbi Vakkasoğlu: Son Bozgun I, Istanbul 1990, S. 134-135

Die Große Türkische Nationalversammlung, die sich in Ankara konstituierte und Mustafa Kemal zu ihrem Präsidenten erwählte, erklärte den Schutz des Sultanats und Kalifats und der nationalen Unabhängigkeit zum höchsten Ziel des Befreiungskampfes. Sultan Vahideddin wurde von den Briten im Palast unter Hausarrest gestellt, ebenso Kronprinz Abdülmecid. Nur bei den Freitagsgebeten war es ihnen möglich sich an das Volk zu wenden und so wurden in allen Moscheen Konstantinopels für den Erfolg der Widerstandsbewegung gebetet. *„Wenn die nationale Regierung die Verhandlungen gewinnt, wird man dann die osmanische Dynastie nicht als schuldig ansehen? Es muss auf jeden Fall ein Prinz nach Anatolien geschickt werden, so dass auch die Dynastie das Recht hat sagen zu können, an der Befreiungsbewegung teilgenommen zu haben!"*, sprach der Sultan zum Prinzen Ömer Faruk, dem Sohn des Kronprinzen Abdülmecid und Verdun-Veteranen.[13] Der junge Prinz genoss hohes Ansehen im Militär und war als Haudegen bekannt. Mit einem Offizier verließ der Prinz im April 1921 unbemerkt auf einem Kutter die Hauptstadt. Nach einer beschwerlichen Reise durch stürmische See erreichten sie die Schwarzmeer-Hafenstadt Inebolu. Die in rot-weißen Fahnen gehüllte Stadt feierte die Ankunft des osmanischen Prinzen – ganz zum Är-

---

[13] Niyazi Ahmet Banoğlu: Nükte ve fıkralarla Atatürk, 1954

28

gernis Mustafa Kemals. Würde Prinz Ömer Faruk nach Ankara kommen, so würde er sich an die Spitze der Befreiungsbewegung stellen und Mustafa Kemal nur zu seinem Generalstab gehören. Für Kemals persönliche Ziele, stellte die Landung eines kaiserlichen Prinzen in Anatolien eine herbe Gefahr dar. Mustafa Kemal erteilte dem zuständigen Gouverneur den Befehl den Prinzen wieder nach Hause zu schicken. Doch man beachtete Kemal nicht. Der Prinz blieb eine Woche, bis Kemal in einem Schreiben höchstselbst aufforderte zurück zu reisen. Da er „die Sicherheit Seiner kaiserlichen Hoheit nicht garantieren könne und seine Präsenz nur Verwirrungen stiften würden." Bitter enttäuscht kehrte der Prinz zurück nach Konstantinopel. *„Das türkische Volk liebt uns! Wenn Sie gesehen hätten, welchen Empfang mir die Einwohner von Inebolu bereitet haben, als ich anlegte!"*, erzählte er seinem Vater Abdülmecid. *„Die guten Leute weinten vor Freude, als ob der Sultan selbst gekommen wäre, um an ihrer Seite zu kämpfen. In den wenigen Tagen, die ich da verbrachte, um Mustafa Kemals Antwort auf mein Anerbieten abzuwarten, strömten die Bauern aus allen umliegenden Dörfern herbei, um mich zu sehen, mich zu berühren, um sich zu überzeugen, dass ihr Sultan sie nicht im Stich gelassen hatte..."*[14] Als der Prinz dem Sultan von der erfolglosen Mission Bericht erstattet,

---

[14] Kenize Mourad: Im Namen der toten Prinzessin, S. 112

erwidert er: „*Ich wusste das sie Dich nicht akzeptieren würden, mein Sohn. Jedoch hat Mustafa Kemal wieder einmal gezeigt, dass er gegenüber dem Sultanat und Kalifat schlechte Absichten hegt.*"[15] Der Befreiungskrieg fand nunmehr ohne die aktive Beteiligung der osmanischen Dynastie statt, doch die Bevölkerung glaubte weiterhin, dass der Sultansadjutant Mustafa Kemal Pascha im Namen ihres Monarchen kämpfte und bemerkte nicht, dass dieser längst die Hebel für die Gründung einer Republik in Gang setzte. Als der nationale Widerstand gewann und die Entente ihre Niederlage eingestand, lud man die zwei Regierungen, die Sultansregierung in Konstantinopel und die nationale Regierung in Ankara, im Oktober 1922 zu Friedensgesprächen nach Lausanne ein. Mustafa Kemal wollte nun endgültige Fakten schaffen und sandte einen General zum Sultan um von ihm die Anerkennung des Parlaments in Ankara als einzig wahren Souverän abzuringen. Doch Sultan Vahideddin lehnte ab. Eine Akzeptanz der Nationalversammlung als einzigen Souverän hätte das Ende des Sultanats zur Folge gehabt. Ihm würde nur der religiöse Titel des Kalifen bleiben, der im Schatten Ankaras in der Bedeutungslosigkeit versinken würde. In dieser Angelegenheit behielt der Sultan die Contenance: Kein Kalifat ohne Sultanat! Der Herrscher erhoffte sich, mit der Teilnahme

---

[15] Kadir Mısıroğlu: Kurtuluş Savaşında Sarıklı Mücahidler, 2007, S. 45-75

seiner Regierung in Lausanne, die Institutionen des Sultanats und Kalifats aufrechterhalten zu können.[16] In einer Unterredung mit seinen Generälen, brachte Mustafa Kemal schließlich Ende Oktober 1922 die Abschaffung des Sultanats ins Gespräch. Seine alten Kampfgefährten schauten ihn perplex an. Nach dem die sultanstreuen Militärs erklärten, dass für sie nichts außer dem Sultanat und Kalifat in Frage kam, beschloss Kemal seinen Worten Taten folgen zu lassen. Am 1. November 1922 legt Mustafa Kemal dem Parlament das Gesetz zur Abschaffung des Sultanats vor und droht dem hohen Hause wie ein Diktator:

„Meine Herren, die Herrschaft wird niemandem als Folge einer weisen Entscheidung, eines Meinungsaustauschs oder einer Diskussion verliehen. Eine Herrschaft erringt man mit Kraft, Ehrgeiz und Gewalt. Die Söhne Osmans nahmen die Herrschaft über das türkische Volk ebenfalls mit Gewalt an sich. Diese korrupte Art behielten sie fünfhundert Jahre lang bei. Nun hat das türkische Volk diesen Vergewaltigern Halt eingeboten und die Herrschaft wieder an sich gerissen. Dies ist eine selbstverständliche Tatsache. Das Problem ist nicht, ob wir dem Volk die Herrschaft überlassen oder nicht. Denn das wird auf alle Fälle geschehen. Wenn die

---

[16] Rasim Marz: Das Osmanische Reich auf dem Weg nach Europa, 2013, S. 211

Nationalversammlung, die sich heute hier versammelt hat, dafür stimmt, ist dieses Problem gelöst."

Er packte sich mit der Hand an seinen Hals und ergänzte seine Rede mit den Worten:

„Wenn das nicht geschieht, dann wird die Wahrheit wieder auf die Art und Weise gefunden werden, wie es üblich ist. Aber wahrscheinlich werden in diesem Fall einige Köpfe rollen."

Anschließend fügte er unmissverständlich hinzu, welches Ergebnis er bei der Abstimmung erwarte: *„Ich glaube, dass die Nationalversammlung die Prinzipien, die die Unabhängigkeit des Landes und der Nation für immer bewahren werden, einstimmig annehmen wird."*[17]

Die Abgeordneten sprangen von ihren Plätzen auf und empörten sich über diesen Verrat an der Monarchie. Hatte Kemal nicht vor zwei Jahren an gleicher Stelle noch für den Sultan ein Gebet gesprochen? Es kam zu lautstarken Wortgefechten zwischen den Abgeordneten, Als die Situation zu eskalieren drohte und die Abgeordneten ihren Standpunkt mit fliegenden Sitzbänken Nachdruck verleihen wollten, schritt Kemal wieder zurück zum Rednerpult: *„Das Problem ist erledigt! Durch einstimmigen Beschluss der Großen Nationalversammlung ist vom heutigen Tage an das Sultanat abgeschafft!"* Damit erklärte er die Sitzung für beendet, was die Wut der aufgebrachten Abgeordneten nur

---

[17] Mustafa Kemal Atatürk: Söylev Cilt I-II, 1999, S. 337

verstärkte. Schließlich gab Kemal der Polizei die Order den Sitzungssaal zu räumen. Die Regierung in Ankara schuf das Sultanat per Dekret statt Parlamentsbeschluss ab. Die Generäle mussten mit ansehen, wie Kemal seinen Weg zur Alleinherrschaft ebnete. Kemal schüchterte den Großteil der Politiker und Militärs mit seinen verhängnisvollen Worten ein. Drei Tage später trat die letzte osmanische Regierung in Konstantinopel zurück. Sultan Vahideddin ernannte keinen neuen Großwesir. Nach 622 Jahren war das Ende des Osmanischen Reiches besiegelt. In der Hauptstadt löste die Meldung Panik aus. Politiker und Journalisten, die in den vergangenen Jahren mit den Besatzern sympathisierten, wurden in den Straßen Konstantinopels öffentlich gelyncht. Am 16. November 1922 klagte die Große Nationalversammlung den Sultan des Hochverrats an. „*Wir können alles sein. Wir können sogar eine veraltete, unfähige und fehlerhafte Regierung eingesetzt haben, aber wie können wir, die Söhne Osmans, Verräter sein? Wie kann Mustafa Kemal Paşa, der uns so gut kennt, dies behaupten?*", entsetzte sich der 61-jährige Sultan.[18] Der osmanische Herrscher, der für die Entsendung Mustafa Kemals nach Anatolien verantwortlich war und den Aufbau des Widerstandes mit Gold und Waffen erst ermöglich-

---

[18] Murat Bardakçı, Şahbaba: Osmanogulları'nın son hükümdarı VI. Mehmed Vahideddin'in hayatı, hatıraları, ve özel mektupları, 1998, S. 508

te, war nun gezwungen bei den Briten Asyl zu beantragen. Einen Tag später verließ Sultan Mehmed VI. Vahideddin mit einem kleinen Gefolge an Bord eines britischen Kriegsschiffes Konstantinopel mit dem Ziel Malta. Das weltliche Sultanat existierte nicht mehr, aber das religiöse Amt des Kalifen. Mustafa Kemal wollte die Bevölkerung mit seinen Reformen nicht direkt vor dem Kopf stoßen und ließ diese für die Muslime heilige Institution weiterbestehen.

Sultan Abdülaziz I. (1861-1876)

Sultan Murad V. (1876)

Sultan Abdülhamid II. (1876-1909)

Sultan Mehmed V. (1909-1918)

Sultan Mehmed VI (1918-1922)

Kalif Abdülmecid II. (1922-1924)

Kronprinz Yusuf Izzeddin

Dürrüşehvar Sultan, Kalif Abdülmecid und Prinz Azam
Jah in Frankreich

Ein Kalif für die Republik

Für den Kronprinz Abdülmecid schlug nun die Stunde seines Lebens. Da sein Cousin das Land verließ, wählte die Große Nationalversammlung in Ankara ihn zum neuen Kalifen. *„Er ist unser Dummkopf! Er ist mit einem Kalifat ohne Sultanat einverstanden, also wird er Klostervorsteher sein. Wie oft habe ich dir seit Jahren gesagt, dass er verrückt ist!"*, sprach Sultan Vahideddin erzürnt zu einem Diener, als er die Wahl seines Cousins zum Kalifen in der Zeitung las.[19] Doch die muslimische Welt akzeptierte Abdülmecid als neuen Kalifen und feierte ihn. Glückwunschtelegramme aus Indien, Tunesien, Albanien, Russland, Rumänien, China und sogar aus Finnland erreichten den Palast. Aus den ehemaligen Gebieten des Osmanischen Reiches in Nahost kamen Vertreter um ihm zu huldigen.

Doch trotz seiner Weltoffenheit, war die strenge Religiosität des neuen Kalifen Abdülmecid ein Dorn im Auge Mustafa Kemals. Abdülmecid erkannte, dass der engste Kreis um Mustafa Kemal den Plan verfolgte, eine tiefgreifende Entfremdung zwischen Volk und Dynastie herbeizuführen. Das Osmanische Reich war untergegangen, das Sultanat

---

[19] Feridun Kandemir: Yakin Tarihimiz (Unsere jüngste Geschichte), Die Welt des Islams 9, Ausg. 1/4 (1964), Hrsg. G. Jäschke, S. 299

abgeschafft worden, aber das Kalifat bestand weiterhin als letzte Bastion der eigenen osmanischen Identität und der islamischen Religion. Die „Türkei", wie der neue Staat heißen sollte, war von der Staatsform her noch keine Republik. Die Frage nach der zukünftigen Staatsform blieb weiterhin offen. Die zunehmende Popularität des Kalifen schürte in Ankara eine Angst vor einer Konterrevolution, für Abdülmecid ging es jedoch um die zukünftige Sicherung der Dynastie Osmân. Gegen alle Einschränkungen die Ankara dem Kalifen auferlegte, gab sich Abdülmecid volksnah. Die wöchentliche Fahrt anlässlich des Freitagsgebetes nutzte Abdülmecid aus, um die Sympathien des Volkes zu gewinnen. Dabei besuchte er jede Woche eine neue Moschee in Konstantinopel. Besonders empfindlich reagierte Kemal auf Zeitungsartikel der Hauptstadt-Presse, die mit dem Kalifen sympathisierten. Im April 1923 fügte Mustafa Kemal dem Hochverratsgesetz noch den Absatz hinzu, dass die Anfechtung des Gesetzes zur Abschaffung des Sultanats mit dem Tode bestraft würde. Damit brachte er die aufkeimende Opposition zum stillschweigen. Sein Stellvertreter und spätere Präsident der Türkei, Ismet Inönü, reiste nach Lausanne um neue Verhandlungen mit den europäischen Mächten aufzunehmen. Mustafa Kemal forderte das Ende der Besatzung und die volle Unabhängigkeit des Staates sowie die Abschaffung der verhassten Kapitulationen.

Der neue türkische Staat sollte sich jedoch bis zum Mosulgebiet im Irak ausdehnen, dessen Erdölreichtum bekannt war. Dafür erklärte Kemal den Verzicht auf alle arabischen Besitztümer des Osmanischen Reiches und die Zurückzahlung der osmanischen Schulden an die europäischen Gläubiger. Für Großbritannien war die Kalifatsfrage jedoch von größerer Wichtigkeit. Die britische Krone sah in den Sympathiebekundungen der indischen Muslime zum Kalifen und in ihrer Zusammenarbeit mit den Hindus eine potenzielle Gefahr für die Herrschaft auf dem indischen Subkontinent. Hatten doch Mahatma Gandhi und Ali Jinnah in den vergangenen Jahren hunderttausende in Indien zu Demonstrationen aufgerufen, um den osmanischen Kampf gegen die britischen Imperialisten zu unterstützen.[20] Am 24. Juli 1923 erfolgte die Unterzeichnung des Vertrags von Lausanne durch die türkische Delegation unter Ismet Inönü. Die Ratifizierung durch die Siegermächte erfolgte jedoch erst ein Jahr später. *„Das Kalifat nährte die Erwartung, dass die Souveränität wieder unter die Führung des Kalifen zurückkehren würde. Und gab der Dynastie die Hoffnung. Deshalb hatte die Abschaffung des Kalifats tiefere Auswirkungen und stellte die wichtigste Quelle von Konflikten dar.“*, erinnerte sich Ismet

---

[20] Marz, S. 220 ff.

Inönü später.[21] Der britische Hochkommissar R.C. Lindsay berichtete: *„Sir Adam Block berichtete mir, das er von Cavid Bey gehört hatte, dass die Führungspersonen in Ankara sich dazu entschieden hätten sich vom Kalifen zu befreien. Ich hatte von einer ganz geheimen Quelle erfahren - von der ich glaube, dass sie unabhängig ist-, dass Mustafa Kemal sich entschieden hatte, den Kalifen und alle Mitglieder seiner Familie außer paar älteren Damen zu verbannen und das die Zusammenkunft der Paschas mit Journalisten und Militärs in Izmir dies auf den Weg brachte. Ich kann anschließend erwähnen, dass, wie bereits in den geheimen Quellen erwähnt, Ismet Paşa der Versammlung in Izmir berichtete, dass er mit der Verbannung der Kalifenfamilie und der Verstaatlichung ihres ex-kaiserlichen Eigentums (welches ein Teil des Plans ist) voller Hoffnung ist, dass der britische Verdacht des Pan-Islamismus zerstreut wird und die Regierung Seiner Majestät weniger hartnäckig in der Mosul-Frage sein werde."*[22]

Die beschriebene Zusammenkunft im Frühjahr 1924 in Izmir fand am Rande von Militärübungen statt. Neben Mustafa Kemal und Ismet Inönü, nahmen auch die führenden Generäle des Befreiungs-

---

[21] Ismet Inönü: Hatiralar, Hrsg. Sebahattin Selek, Bd. II, Istanbul 1998, S. 188

[22] Azmi Özcan: Pan-Islamism - Indian Muslims, the Ottomans and Britain (1877-1924), Leiden 1997, S. 202

krieges teil. Nach dem Ismet Inönü erläuterte, dass die Abschaffung des Kalifats eine notwendige Bedingung darstelle, damit die Siegermächte den Lausanne-Vertrag ratifizieren und die Türkei sich somit die Freundschaft Großbritanniens versichern könnte, um in der Mosul-Frage Zugeständnisse zu erlangen, stimmte Kemal dem Plan zu. Ismet wollte um jeden Preis die Freundschaft Großbritanniens erlangen. Die anwesenden Generäle, die damals gegen die Abschaffung des Sultanats ihre Stimme erhoben, schwiegen. Mit der eigenmächtigen Ausrufung der Republik am 29. Oktober 1923 zerstörte Kemal ihre Hoffnungen von einer konstitutionellen Monarchie und lieferte ihnen mit seiner Ernennung zum Staatspräsidenten nur einen weiteren Beweis, dass der neue türkische Staat auf dem Weg in die Diktatur war. *„So wie die Franzosen heute noch, hundert Jahre nach der Revolution, der Ansicht sind, dass es für ihre Unabhängigkeit und ihre Souveränität bedenklich wäre, den Mitgliedern der königlichen Familie und ihren Vertrauten die Einreise nach Frankreich zu gestatten, so können wir in der Haltung, die wir einer Dynastie und ihren Vertrauten gegenüber einzunehmen haben, die begierig danach sind, am Horizont die Sonne der absoluten Gewalt wieder aufleuchten zu lassen, die Republik nicht Erwägungen der Höflichkeit und Spitzfindigkeiten opfern. Der Kalif muss genau wissen, was er ist und was sein Amt vorstellt, und sich mit dieser Lage* *zufrieden geben. Ich bitte Sie, so zu verfahren, dass die Regierung ernste und grundsätzliche Maßnahmen ergreift, und mich hierüber zu unterrichten.",* schrieb Kemal in einem Telegramm an Ismet Inönü.[23] Die Große Nationalversammlung in Ankara die am 3. März 1924 zusammentrat, bestand nicht mehr aus denselben Abgeordneten, die damals gegen die Abschaffung des Sultanats protestierten. Bei den letzten Wahlen setzte Mustafa Kemal die Bevölkerung unter Druck um seine Kandidaten durchzusetzen und die Opposition im Parlament verschwinden zu lassen. Mit Erfolg. Von den 144 zur Wiederwahl angetretenen Abgeordneten des alten Parlaments zogen nur 56 wieder ein. Das Gesetz zur Abschaffung des Kalifats und der Ausweisung der Dynastie Osman wurde im Parlament durch gewunken. *„Die türkischen Republikaner haben mit der Abschaffung einer Institution dem britischen Empire einen ungemein wertvollen Dienst erwiesen, die immer wieder Probleme für manche nichtmuslimischen Länder mit muslimischen Untertanen erzeugte.",* schlussfolgerte der britische Star-Journalist Philipp P. Graves.[24] Die Große Nationalversammlung der Republik Türkei beschloss nicht nur das Ende des Kalifats sondern auch gleichzeitig die Verbannung aller Mitglieder des kaiserlichen Hauses Osmân. Als man dem Kalifen Abdülmecid

---

[23] Klaus Kreiser: Atatürk, 2011, S. 227-228
[24] Philip P. Graves: Briton and Turk, 1941, S. 161

im Thronsaal von seiner Absetzung in Kenntnis setzte, zog er sich zum Gebet in den Harem zurück, wo er laut aus dem Koran rezitierte. Er vollendete danach noch ein Gemälde und machte sich für die Abreise fertig. Der Kalif musste über Nacht die Republik verlassen, die restliche Familie sollte ihm in der laufenden Woche ins Exil folgen. Ihnen war es nur gestattet das Nötigste mitzunehmen. Bei der Abfahrt im Kraftwagen rief Abdülmecid dem Palast zugewandt: *„Wenn ich sterbe, werden meine Gebeine noch für die Nation beten!"*[25] Auf einer verlassenen Eisenbahnstation außerhalb Konstantinopels stand der Orient-Express bereit zur Abreise. Aus Furcht vor Reaktionen in der Bevölkerung gab Kemal der Presse die Anordnung, erst nach 48 Stunden über das verabschiedete Gesetz und die Ausweisung der Dynastie zu berichten.

---

[25] Feridun Kandemir: Yakin Tarihimiz (Unsere jüngste Geschichte), Die Welt des Islams 9, Ausg. 1/4 (1964), Hrsg. G. Jäschke, S. 300

Die Osmanen im Exil

36 Sultane aus dem Hause Osmân standen ohne Unterbrechung 622 Jahre an der Spitze eines Weltreiches. Abdülmecid, der letzte Kalif des Islams, und das Herrscherhaus waren nunmehr heimatlos. Sie sollten jedoch nicht die einzigen Verbannten sein. Wie ein Gespenst verfolgte Kemal die Angst vor einer Konterrevolution, so dass einen Monat später noch weitere 150 zur persona non grata erklärt wurden. Dabei handelte es sich um Militärs, Politiker, Journalisten und Notabeln des alten Regimes. Die Elite des Osmanischen Reiches wurde somit aus der neuen Republik hinweggefegt. Über Bulgarien schlugen sich der Kalif Abdülmecid und sein Gefolge bis ins schweizerische Territet durch. Im Hotel des Alpes, wo schon Kaiserin Sissi residierte, quartierte sich die osmanische Familie ein. In der Schweiz versuchte Abdülmecid einen islamischen Kongress einzuberufen, um dem Amt des Kalifen neue Legitimation zu verleihen, doch das türkische Außenministerium erwirkte bei der Schweizer Regierung die politischen Aktivitäten des abgesetzten Kalifen stoppen zu lassen. Wegen finanziellen Engpässen musste der Kalif schließlich die Schweiz verlassen und zog im Oktober 1924 ins französische Nizza am Mittelmeer. In Cimiez, einem Stadtteil der höheren Klasse Nizzas, bezog Abdülmecid mit der Familie und dem Gefolge die Villa des ägyptischen

Khediven. Der Kalif erreichte für sich und seine Familie bei der französischen Regierung Reisepässe mit dem Status der osmanischen Staatsbürgerschaft.[26] Finanzielle Unterstützung erhielt er vom indischen Nizam von Hydarabad, zu dieser Zeit reichsten Mann der Welt. Abdülmecid ließ wenig später seine Tochter in die Asif-Jahi Dynastie einheiraten. 60 Kilometer von Nizza entfernt, im italienischen Kurort San Remo, residierte Sultan Vahideddin mit seiner Familie und seiner Entourage. Sultan Vahideddin und Kalif Abdülmecid verloren ihre Heimat und ihr Volk, aber den Hass brachten sie von Konstantinopel an die Riviera mit. Während Abdülmecid sich mit der finanziellen Unterstützung aus Indien ganz der Malerei zuwandte und von der französischen Regierung zu Banketten eingeladen wurde, lebte sein Cousin, der abgesetzte Sultan Vahideddin, in San Remo in völliger Armut. Als der letzte Herrscher der Osmanen Konstantinopel verließ, ließ er den Staatsschatz zurück. *„Nichts gehört mir, alles gehört dem Staat"*, sagte er einst. Mustafa Kemal erkaufte sich einige Mitglieder der Entourage des Sultans, um über seine Aktivitäten auf dem Laufenden zu sein. Diese Spione erhielten wiederum hohe Summen vom Sultan, um Organisationen zu finanzieren, die sich für eine Restauration des Sultanats einsetzten. Doch das Geld wurde nie für diese Pläne verwendet und verschwand in den Taschen

---

[26] Satan, S. 160

der vermeintlichen Gefolgsmänner. Hochverschuldet starb Sultan Vahideddin 1926 in San Remo.[27] Die Türkei verwehrte der Familie die Überführung nach Konstantinopel. Die letzte Ruhe fand der letzte Sultan des Osmanischen Reiches in Damaskus. Ein Schwiegersohn des Sultans Abdülhamid war seit zwei Jahren Präsident des britischen Mandatsgebiets Syrien und verfügte so gleich für den Toten ein Staatsbegräbnis zu geben. An der Beerdigung nahm Prinz Ömer Faruk teil, aber nicht sein Vater Abdülmecid. Die Adjutanten von Vahideddin als auch von Abdülmecid versuchten ohne Unterlass die beiden verfeindeten Cousins zu einem gemeinsamen Abkommen zu überreden, um die internen Streitigkeiten zu beenden und die Rückkehr der Dynastie zu realisieren. Doch das Vorhaben scheiterte. Mit dem Tod des Sultans war Abdülmecid nunmehr der alleinige Chef der Dynastie Osman. Er hielt immer noch zu vielen muslimischen Organisationen im Ausland engen Kontakt, die in ihm weiterhin ihren Kalifen ansahen. In Paris und in Nizza hielt er freitags in den muslimischen Gemeinden einen kleinen „Empfang" ab, wo er im offenen Wagen von den Muslimen zur Moscheefahrt begrüßt wurde. Damals in Konstantinopel standen tausende Gläubige an den Straßenrändern um ihren Kalifen zu sehen, nun waren es in Paris einige hunderte. Als er 1932 von der muslimischen Gemeinde in London

---

[27] Bardakçı: Şahbaba, S. 252

gebeten wurde an der Eröffnung einer neuen Moschee teilzunehmen, erwirkte der türkische Botschafter in London bei der britischen Regierung dem Kalifen kein Visum erteilen zu lassen. Ebenso protestierte das türkische Außenministerium erfolgreich bei der britischen Regierung, als der Kalif beabsichtigte eine Reise nach Palästina zu unternehmen.[28] Als der Zweite Weltkrieg über Europa hereinbrach und Frankreich von deutschen Truppen besetzt wurde, lebte der Kalif mit seiner Familie in Paris. Für Abdülmecid war das Hitlerdeutschland nicht mehr das Deutschland von einst. Eine hochzivilisierte Gesellschaft mit einer jahrtausendalten Kultur folgte einem falschen Propheten blind in die Diktatur. Für den Kalifen war dies das Ergebnis der Novemberrevolution und dem Sturz Kaiser Wilhelms II. im Jahre 1918. Das Leben im besetzten Paris verschlimmerte sich. Da aus dem britischen Indien keine finanzielle Hilfe mehr zu erwarten war, musste Abdülmecid seine Gemälde verkaufen um den Unterhalt seiner Familie und den letzten Getreuen zu gewährleisten. Der Krieg führte zu Nahrungsengpässen und Lebensmittelkarten waren begehrter denn je. So kam es im Jahre 1943 zu einem unerwarteten Zwischenfall, als sieben junge Franzosen, kaum 18 Jahre alt, von der SS und der Gestapo gejagt, auf das Anwesen des Kalifen flüchteten. Abdülmecid versteckte die jungen Flüchtlin-

---

[28] Satan, S. 162

ge vor den Nazis. Die Gestapo wollte die Räumlichkeiten des Kalifen mit dem weißen Rauschebart durchsuchen, doch dieser weigerte sich vehement. Die Gestapo gab nach und verließ das Anwesen. Die Jugendlichen waren für die französische Resistance aktiv, die der osmanischen Familie nicht unbekannt war, da Prinz Ömer Fevzi, ein Cousin des Kalifen, die Resistance unterstützte und mehrmals mit der Gestapo aufeinandertraf. Der Kalif begab sich nach diesem Vorfall in die deutsche Kommandantur von Paris und protestierte beim Stadtkommandanten Hans von Boineburg-Lengsfeld gegen das Verhalten der Gestapo. Abdülmecid verwies auf die alte Allianz zwischen Deutschland und dem Osmanischen Reich, denn er wusste, dass der Stadtkommandant Boineburg ebenfalls im Ersten Weltkrieg diente. Der Kalif hatte Glück, denn Boineburg sympathisierte mit dem deutschen Widerstand und stand mit der SS und der Gestapo auf Kriegsfuß. Er machte dem Stadtkommandanten das Angebot, dass die sieben Kinder in seiner Obhut blieben und er für sie die Verantwortung trage, wenn sie nochmals auffällig würden. Boineburg schaffte es Berlin von dem Angebot zu überzeugen. Bis zur Befreiung der Stadt sollten die Jugendlichen beim Kalifen und der osmanischen Familie leben, trotz der schlechten Versorgungslage.[29] Am 6. Juni 1944 landeten die Alliierten Streitkräfte in der französischen Normandie.

---

[29] Satan, S. 164

Was der Kalif nicht ahnen konnte war, dass ein Sohn seines Cousins, der osmanische Prinz Burhaneddin Djem, als amerikanischer Soldat am Strand landete. Doch kurz bevor die amerikanischen Truppen Paris eroberten und der Prinz den Kalifen hätte nach all den Jahren des Exils wiedersehen können, verstarb Abdülmecid II. am 23. August 1944 um 21 Uhr im Alter von 76 Jahren in seinem Anwesen in Paris. Das Totengebet für den letzten Kalifen fand in der Großen Moschee zu Paris statt, er selbst wurde auf dem muslimischen Friedhof beigesetzt. Die türkische Regierung lehnte, wie 1926 bei Sultan Vahideddin, eine Bestattung in Istanbul ab. Erst 1954 schaffte es die Tochter des verstorbenen osmanischen Kalifen über ihren Schwiegervater, dem Nizam von Hydarabad, die indische Regierung dazu zu bewegen, eine Überführung ihres Vaters nach Medina zu arrangieren.

Abdülmecid II., 37. Oberhaupt der osmanischen Dynastie und 102. Kalif des Islams, fand seine letzte Ruhe auf dem ältesten Friedhof des Islams in direkter Nähe zum Schrein des Propheten Mohammed im arabischen Medina.

Bildverzeichnis

Abb. 1: Sultan Abdülaziz, Photographie von Abdullah Frères, ca. 1870

Abb. 2: Sultan Murad V., unbekannt, 1876

Abb. 3: Sultan Abdulhamid II., Photographie von W&D. Downey, London, 1867

Abb. 4: Sultan Mehmed V., Photographie von C. Pietzner, 1915

Abb. 5: Sultan Mehmed VI., Photographie von Sebah & Joaillier, 1918

Abb. 6: Kalif Abdülmecid II., unbekannt, ca. 1923

Abb. 7: Kronprinz Yusuf Izzeddin, Donanma Mecmuasi Nr. 64, 19.10.1914

Abb. 8: Kalif mit Familie, Privatsammlung d. Dynastie Osman, ca. 1930er

Vom Autor ebenfalls herausgegeben:

Das Osmanische Reich auf dem Weg nach Europa

Neue osmanische Geschichtsschreibung

von Rasim Marz

Das Osmanische Reich war das letzte islamische Großreich der Menschheitsgeschichte, das sich über 600 Jahre über drei Kontinente erstreckte und in dem hunderte Völker, Religionen und Kulturen beheimatet waren. Anfang des 18. Jahrhunderts setzte der langsame Niedergang dieser Weltmacht ein, der letztendlich zur Frage der Restauration oder Reform des Staates führte. Ein gigantisches Reformprogramm ermöglichte es die Lebenszeit des Reichs der Sultane bis ins frühe 20. Jahrhundert zu verlängern. Im Gegensatz zu den europäischen Monarchien überstand das osmanische Sultanat und Kalifat den Ersten Weltkrieg und übernahm eine Schlüsselrolle im Befreiungskampf gegen die Siegermächte.

BoD-Verlag, 260 Seiten, hrsg. 2013
ISBN 978-3732292738
29,99 Euro (E-Book 23,99 Euro)